Maailmankaikkeuden laidalla

Katson, Olen
ihmettelen.
Minäkö?
Täällä?

Mitä teen, miten olen!
Tässä ja nyt.
Pieni olento, ihminen
suuressa universumissa
vailla huolen häivää,
hetkessä!

Hetken tuoma onni
on sitä kun
unohtaa ajan!

Sydämen viisaus

Kirjoihin on kirjoitettu tuhat asiaa,
ne asiat jotka minulle merkitsevät
ovat tärkeitä,
löytyvät minun sisästäni
sydämen viisaasta ikiaikaisesta tietoudesta.
Eikä minun tarvitse muuta kuin kuunnella
sydäntäni!
Yksinkertaista!

Olemisen ilo ja elo
on sitä kun saa nauttia,
iloita, olla onnellinen,
rakastaa!
Omaa itseään!

Itsekkyys

Sinä opetit minulle itsekkyyden jalon taidon
olemalla ensin itse itsekäs.
Luulin sinua nenäkkääksi ja itsekeskeiseksi
ettet ajattele muita.
Itseasiassa opin, että terve itsekkyys,
toimia niin kuin sydämessä hyvältä tuuntuu
onkin paras tapa toimia, toisia miellyttämättä,
tuntien silti empatiaa.
Ystävällisyys, arvostus, kunnioitus.
Sillä ainoastaan kuuntelemalla sydäntään
voi elämässä päästä eteenpäin.

Ahdistus

Voi kuinka voisin päästä ahdistuksesta,
nuo vellovat tunteet.
Mustasukkaisuus, viha, kiukku, katkeruus.
Kaikki on vanhaa karmaa,
purkautuessaan soluista se nostaa
negatiiviset aistimukset, tunteet pintaan.
Ota ne kiitollisena vastaan,
sillä siten ne palvelevat sinua eniten.
Kieltämällä tuntemukset tukahdutat itseäsi.
Kaikki on läpikäytävä, ollakseen seuraavassa
hetkessä jälleen eheämpi.
Lopulta jäljellä on vaan rakkaudentila.
Uskomatonta, mutta totta.

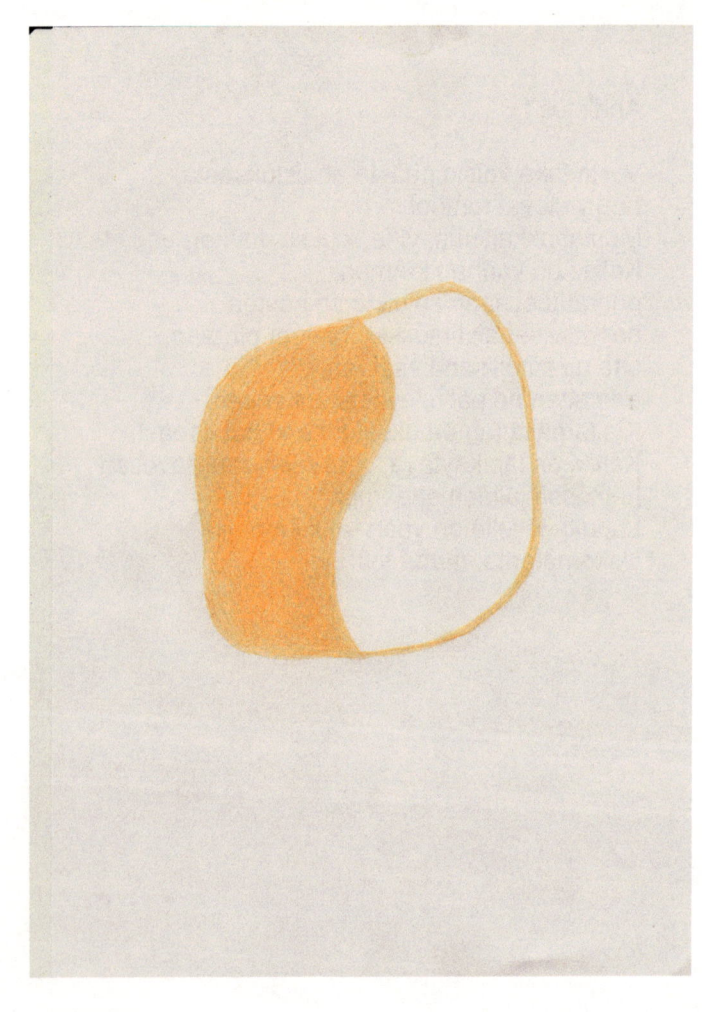

Minä

Minä olen hän,
hän on minussa
minä hänessä.
Voin nähdä hänet myös muissa.
Tietoisena kuinka moni voi ilmentyä
eri asioissa, ihmisissä juuri oikealla hetkellä!
Kaikella ja kaikilla on oma tarkoitus ja paikka!
Luota siihen, että olet oikeassa paikassa!

10

Yht'äkkiä seisoit edessäni
katsoimme toisiamme.
Elämmekö todellisuudessa lainkaan.
Se vauhti, se energia
se iloinen hämmästys
mikä loisti kummankin silmistä.

Seisoimme vierekkäin, siinä oli hyvä olla.
Mutta kaikki loppuu aikanaan.
Ne hetket piirtyvät mielen muistiin.

Harmi

Onko sellaista, vai onko se vain mielen luoma
harhakuva!
Sillä todellisuudessahan olemme peilejä
toisillemme.
Ja lopulta jokainen tuntemus onkin omasta
sisimmästä noussut tila.
Jos jokin ikävä tapahtuma siis sattuu, onko sen
tarkoitus sittenkin
havahduttaa katsomaan omaan sisimpään.
Harmituksen tunteet ovat aina merkki
oivallettavasta asiasta,
omasta itsestään.

Sinulle

Mustasukkaisuuden sokkeloissa annan nimesi,
huudan nimesi, kutsun luokseni.
Sinä
- ainut rakkaani.
Olet minun - fyysisesti, läsnä.
Nyt ja aina.
Elossa, elävänä, tässä hetkessä!

Ei ole riivaavaa tunnetta enää,
on vain vapaus.
Sillä vapaus on ainut tie
mikä voi johdattaa tyyneyden lähteille,
rakkauden valtamereen.
Siellä missä rakkaus on ehtymätön
oman sydämen rakkaus,
jota sinä täydennät.
Olen eheä, olen tässä.

Hetket kanssasi, jotka kokea saan
siivittävät unelmiin korkeisiin.
Tajunnanvirta on lähellä lähteä
on niin valtava voima, joka tuntuu joka solussa
- rakkaus.
Se maailman samalla pelottavin, vaan myös
ihanin tunne koko kehossa.
Rakkaudentunne!
Olen Sinun!

Kuin musta kahle joka sitoo pinnan alle.
Yrittäen hengittää, ruokopillillä.
Saaden happea vähäsen.
Haluten pois siitä pimeästä paikasta.

On vain yksi keino.
Kuunnella omaa itseään, sisintään.
Se on vapauden tie,
silloin ei rajoitukset rajoita, esteet eivät ole
enää esteitä vaan mahdollisuuksia.

Pelko

Näen valon kajastavan
Haluan sen luo, haluan olla lähellä.
Pelkään.
Pelko kumpuaa sisältä.
En ymmärtänyt, että se oli omaa pelkoani,
omaa itseäni kohtaan.
Pelkäsin kuka minä olen.
Pelkäsin omia tunteitani.

Halusin olla vain parasta
kaikille, kaikkialla.
- unohtaen itseni.
Miellyttäen, luullen muiden hyväksyvän
minut, kun teen mieliksi.

Olin väärässä, ainoastaan miellyttämättä
olemalla aito itselleen,
muut voivat edes nähdä kuka olen.

Sen jälkeen he voivat alkaa katsoa itseään.

Peili

Peileinä toimimme toisillemme
jokainen meistä
- maapallolla.
Ne sanat, eleet, tuntemukset
kaikki kumpuaakin omasta sisimmästä.
Tarvitsemme fyysisiä ihmisiä,
jotka heijastavat meidän omat tunteemme
meille.

Voiko siis olla ärsyyntymistä, voiko olla kiukkua.
Jos joku ihminen saa sellaisen tunteen aikaan
se onkin oman itsen sisältä nousema asia.

Asia joka kaipaa huomiotasi, asia joka täytyisi
alkaa käsitellä.
Myönnän, asiat ovat kipeitä.
Joskus tarvitaan kyyneliä ja vielä lisää kyyneliä.
Mutta kun alkaa uskaltaa kohdata omaa
sisintään,
on tutkimusmatka, paras seikkailu alkanut
eheämpään elämään.
Sinne missä lopulta tuntee vain rakkautta ja
empatiaa.

Lupaukset

Hei, sä sanoit
sä lupasit
sä vannoit.

Mihin ne lupaukset jäi.
Erehdyin elämään lupausten viidakossa.
Viidakossa, jossa olin sidottuna toisten
liaaneihin.
Tästä eteenpäin minä pidän kiinni ainoastaan
omista liaaneista.
Sillä siten voin määrätä ja hallita omaa
elämääni.

19

Pettymykset

Onko olemassa pettymystä?
On asia tai tunne jota odotan,
olen siis luonut tulevaisuuteen odotuksen.
Miten voin luoda tulevaisuuteen odotuksen
jos on vain tämä hetki?

Hetken tuoma tunne, se elämys,
elän sen täysillä.

Sillä pelko luo odotuksia tulevaisuuteen,
sydämentietoisuus pitää tästä hetkestä.

Eli jos luon odotuksia odottamattomaan
mitä ei voi määritellä kuin hetki
ei voi olla pettymystäkään.

Odotukset ovat illuusiota, harhaa.
Elän hetkessä.
Voin paremmin.

Päätös

Kun päätät tehdä jotain sitoudu sinun
ajatukseen, päätökseen.
Sillä silloin koko maailmankaikkeus on tukenasi
ja värähtelee samalla taajuudella kanssasi.
Kunhan pidät kiinni omasta hyvästä olostasi!

Haavat on tehty
parannettaviksi.
Arvet saa häivytettyä.
Itsen saa eheäksi.

Sä tulit
Sä sekoitit mun maailman.
Olit siinä
niin lähellä mutta niin kaukana.
Halusin sinua, ainoastaan sinua.
Olit mielessä öin ja päivin
aina.

Päästin irti
sillä ymmärsin, että ei voi takertua.
Minä en voi takertua, minuun ei voi takertua.

Mitä tapahtui?
Olemme riippumattomat toisistamme.
Olemme toisemme, aina.
Mutta emme tarvitse toisiamme
silti tarvitsemme,
takertumatta toisiimme.

Käsi kädessä, yhdessä,
vapaina.

Suoden toisen kokea kaikki, elämykset
suoden myös itselle kokea elämykset.

Tahdon hänen parastaan.
Hän tahtoo minun
parastani.
Olemme eheitä.
Yhdessä ja yksin olemme vahvoja.

Aina kun sinut näin
muistutit minua jostakin tärkeästä asiasta,
minusta itsestäni
oman sydämeni rakkaudesta.

Sinun energia-aalto sai aikaan voiman
joka syttyi sisälläni.
Sillä voimalla muistin itseni,
muistin pitää itsestäni huolta.

Ei tarvittu sanoja, ei kosketusta,
ei katsetta,
pelkkä energia.
Tunsin eläväni.

Tiia

Sinä opetit minulle paljon,
opetit elämään
- itselleni.

Itsekkyys, sitä tarvitaan
selvitäkseen elämässä.
Empatian jalo taito
heijastuu takaisin itselle.

Olihan olemassa kolme sääntöä
kunnioitus, arvostus, rakkaus.
Luottamus on itsestäänselvyys.
Seuraamalla ohjenuoraa löytääkin paljon
löytää itsensä kipeimmät kohdat sisimmästään.

Tuit, olit siinä.
En vaan aistinut sinua, etkä sinä minua.

Halusimme toistemme parasta
ainakin näennäisesti.
Emmehän voineet tietää mitä sisältä nousee.
Mitä toinen käy läpi kun katoaa pimeyteen.
Valonkajastus näkyy kuitenkin, valo täytti kaiken.

Joskus vaikka ajatellut elämän suunnan
suunnitelma vaihtuu, mieli muuttuu.
Oman sydämen johdatus vie muualle.
Aina ei pysty ymmärtämään, vaikka kaikki
tapahtuu siitä huolimatta oikein.
Mitään väärää ei voi tehdä, voi toimia
ainoastaan oikein.

Kaikki tapahtuu rakkaudessa.
Kaikki tapahtuu oikein.
Sydämentilassa, siinä hetkessä, nopeasti.
Voi vain olla kiitollinen. Kiitollinen kaikesta.
Kiitos kuljet vierelläni aina.

Ne sanomattomat sanat
ne julkaisettomat tunteet.
Ne monet hetket
meidät tuotiin yhteen.
Tiesimme kumpikin
tietämättä toisen tietävän.

Tuimme tietämättämme toisiamme
läpi vuosien
läpi vaikeiden aikojen
vuorotellen,
kumpikin omalla vuorollaan.
Välillä toinen oli vahva, toinen heikko
ja toisinpäin.

Ei puhuttu kertaakaan.
Katsoimme vain toisiamme silmiin.

Ne katseet, ne hetket,
muistimmeko jotain itsestämme.

Pitkä tie on kuljettu vierekkäin
oli aika kohdata
nostaa kipeitä asioita sisimmästä
tietäen toisen tuen voiman
- rakkauden.

Sinä kuulit mitä sanoin
vaikken sanonut sitä ääneen.
Sinä aistit tunteen
vaikka en ollut läsnä.
Sinä tiesit pahan oloni
Sinä tiesit hyvän oloni.
Tunsit sen kaiken
- olemalla avoin sydämellesi.

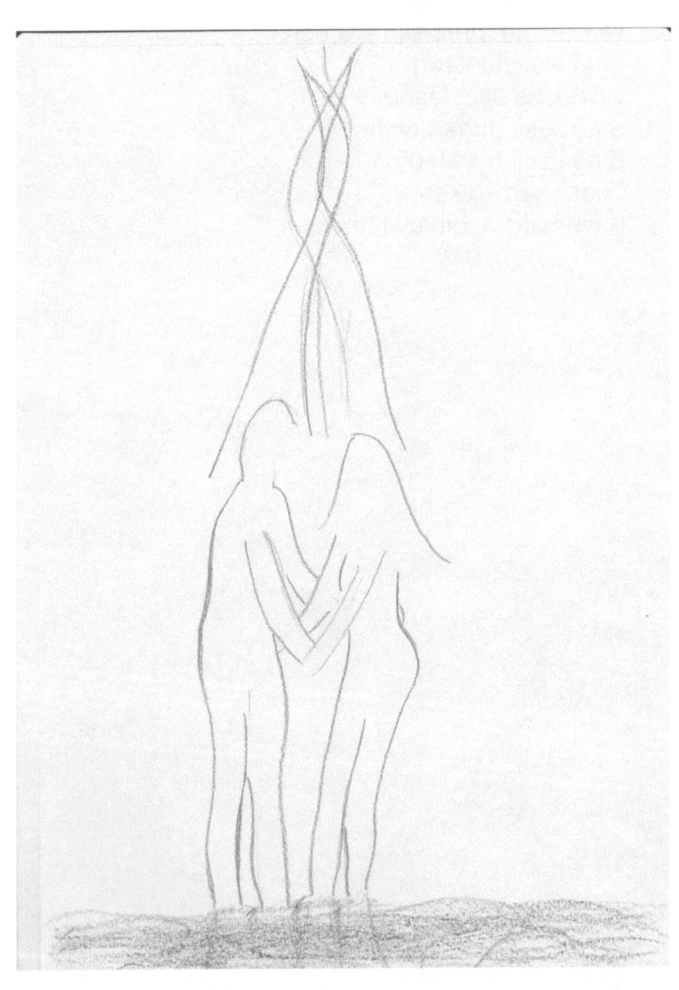

Saavuimme hetkeen missä kohtasimme
lähemmin kuin koskaan
keho kehossa.
Tunsin kosketuksen, vaikken nähnyt sinua.
Aistin sinun ilon ja naurun
vaikken kuullut sinua.

Tiesin sinun olevan siinä.
Tunsin sinun rakkauden.
Olimme Yhtä.

Eheytin Sinua, Sinä annoit minulle vahvuutta.
Opimme salatun yhteyden.
Milloin vain, koska vaan, missä vaan
tietäen rakkauden hengen.

Huusin, kiljuin, raivosin
mielessäni
syvällä sisimmässäni.

Itkin, nauroin, iloitsin
joka hetkestä,
kun ymmärsin
kaikkien tunteiden nousevan
omasta sisimmästäni,
kukaan toinen ei ole voinut
niitä aiheuttaa.
Kukaan ei pysty loukkaamaan
sillä sillä hetkellä hän kertoo
omaa tarinaansa omasta itsestään,
minulla on omani.

Tulit, menit, olit
niinkuin halusit.
Pakenin, ahdistuin, opin.
Niin minäkin voin tehdä,
selittelemättä.

Miksi pitäisi selitellä olemistani jossain?
Sillä joka tapauksessa olemme
oikeassa paikassa juuri oikeaan aikaan.
Jokainen voi löytää onnen hetken
juuri sieltä missä on.

Ne ajat, ne hetket
kun en nähnyt sinua.
Kuin olisit kadonnut,
silti tiesin oikean hetken tulevan.

Kun vähiten odotin, olit siinä.
Näin sinut kaukaa
kävelimme toisiamme kohti.
Tätä hetkeä olimme odottaneet
nähdä toisen.

Katseemme kohtasivat
seisoimme vastakkain.
Sinä ja Minä.
Siinä.
Aika pysähtyi.

Sillä hetkellä tiesimme
kummankin tietävän
rakkauden alkemiaa
rakkauden syvimmän olemuksen
ykseyden, läsnäolon.
Siinä hetkessä oli kaikki.

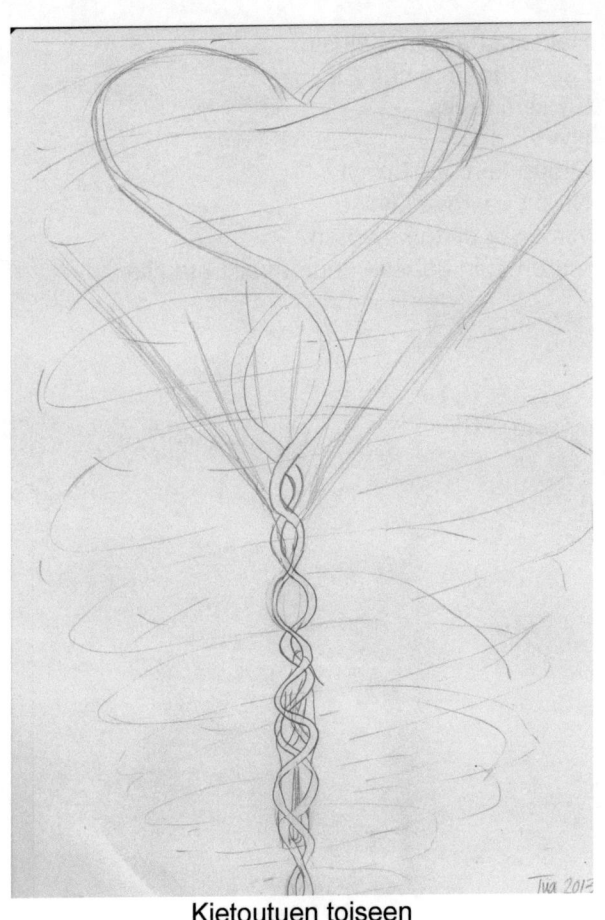

Kietoutuen toiseen
yhdeksi.
Spiraaliksi.
Joka solulla, joka aistilla.
Antautuen hetkeen.

Halusin, halusin, halusin
kaikki tänne ja heti.
Kärsivällisyys.
Hyve.
Oman tien oppiläksyt.
Ne on käytävä lävitse
viimeistä piirtoa myöten
ennen kuin pääsee seuraavalle etapille.

Onni, ilo, autuus.
Elämänvoima.
Nauru, kikatus, hyppivä riemu.
Elämän eliksiiriä.

Kuin pienoiselämä minun elämästäni
dianauha
joka virtaa solkenaan.
Tapasin mitä mahtavimman elämän opettajan
siinä hetkessä.

Koetut elämykset, tunteet, sanat.
Ne kaikki, ne eheytti minut.
Mitään ei voi jättää sisälle
kaikki on käytävä lävitse.
Se on ainut tie.
Eheyttävä tie.

Olit silti siinä, niin rakastavana,
niin lähellä.

Sinun hellä kosketus sai joka soluni soimaan.
Hetkessä.
Nautinnon hurma, ihon pehmeä pinta,
kosketus, läheisyys
se tunne, joka vie taivaisiin.

Antautuen toiselle täysin,
keholleen luvan lentää.
Luottaa toiseen.

Aina niin vahvana, aina niin varmana,
silti niin äärettömän herkkä, vastaanottava ja
antava.
Rakkaudessa.

Tajunnanvirran lähtö, korkeuksiin.
Yhä uudelleen ja uudelleen.
Kosmisen kaikkeuden häviäminen
siitä hetkestä.
Vain se hetki, täydellinen täyttyminen.

Niin raukeena, niin hyvä olla.
Lähekkäin, kahestaan!
Iho ihossa, kietoutuneena toisiinsa.
Suudelma
Ikuisen liiton katkeamaton sidos.

Täysin toisen lumoissa,
omassa hyvässä olossa!
Me, siinä, kahdestaan!

Ajattele hetki sanojesi vaikutusta
mieti hetki tekojesi seurauksia.

Iloitse hetki tuomastasi hauskuudesta.
Nauti jokaisesta hetkestä,
mitä omalla luovuudellasi tuotat elämään.

Elämä, luovuus, hauskuus
elonpilleri
ilonpitäjä
hauskuudentuottaja.
Elossa, omalla kirkkaudellaan!

Elämän tarkoitus
- elää!

Jokainen voi itse päättää
miten käyttää hetkessä sisäiset tunteensa!
Elämällä, turruttamalla itsensä, katsoen toisten
elämiä,
vai eläen itselleen omaa elämää,
luoden siihen mitä ihanimpia asioita.
Asioita, niin paljon asioita mihin asti mielikuvitus
ulottuu
ja sen jälkeen luoda vielä fantasioita, unelmia.
Ei ole rajaa, kaikki on mahdollista,
mutta ensin täytyy kohdata se vaikein asia
katsoa omaan sisimpäänsä, kuunnella
sydämensä ääntä,
siten mahdollistuu ja vapautuu tilaa kaikelle sille
mitä haluaa elämäänsä.

Se tuli, se voima
se toiminnan vahva energia.
Sitä helposti pelkää, haluaa kadota
olemattomiin.
Olemme kaikki erilaisia jokainen toteutamme
itseämme
parhaalla mahdollisella, omalla ainutlaatuisella
tavalla.
Jokaisessa meissä sykkii elämän energia,
rakkauden ydin
kun päästämme sen sydämestä ja annamme
sen loistaa!
Parannamme näin maailmaa, ennenkaikkea
parannamme itsemme eheiksi!

On antauduttava elämälle.
Kohdattava omat pelkonsa.
Edetä.
Iloita omasta vahvuudesta
kiittää itseään.
Voi rakastaa ehdoitta
täydestä sydämestä.

Mihin tarvitsemme toisiamme,
kun emme voi olla riippuvaisia toisistamme,
emme voi takertua toiseen.
Kummallakin on vapaus elämään, koko ajan.

Fyysisyyden ilmentyminä,
olentoina, ihmisinä.
Tarvitsemme kosketusta,
tarvitsemme läheisyyttä,
tarvitsemme rakkautta.

Tunnetta kun sydän meinaa pakahtua
rakkaudesta toiseen.
Sydämessä on mitä ihanin ja lämpimin olotila
rakkaudesta toiseen, rakkauden tunteesta!

Siihen tarvitsemme toisiamme
rakastumiseen!
Jakaa rakkautta, antaa rakkautta
ja yhtä paljon vastaanottaa rakkautta
koko sydämellään!

Se mustasukkaisuuden hirviö
joka ilmenee omistamisenhaluna.
Haluna pitää kokonaan toinen itsellään.
Tukahduttaa siten toinen arjen alle,
vieden vapauden elämästä.
Ei, sitä ei voi tehdä.

Kummankin tahto, halu elää
koko ajan, joka solulla.
Aistia, tuntea, haistaa, nähdä,
kuulla, maistaa, tuntea
elämää joka hetki.

Sielu on sukupuoleton
sielulla on vapaus
sitä kukaan eikä mikään voi rajoittaa.
Sielu saa kokea,
lentää, nähdä, tuntea
mitä ikinä haluaa.

Fyysisyyden olotila ja vanhojen karmojen pelot
tuovat elämään negatiivia tuntemuksia
mistä on aika päästää irti.

Suoda toiselle ja
ennenkaikkea myös itselle vapaus
elämiseen
- rajattomasti
henkisesti!

Ilman sitoumisen kahleita,
sillä jokainen tuntee elämää
ja rakkauden hengen,
jota ei voi kahlita
sen kuuluu lentää vapaana!

Rakkauden alkemian syvin merkitys!

Fyysisinä olemme silti yhtä,
kaksi yhdessä
fyysisesti tuntemaan.
Silti vapaina kokemaan
henkisesti lentämään!

Sinä ja Minä
Tässä
Olemme kahdekkain.
Yhtä.
Minä Sinussa
Sinä Minussa.

Kaipasin sinua
janosin sinua
mutta voi vain pysyä
oman sydämen rakkaudessa
- missä on kaikki.

Sä revit mut rikki
ja samalla eheytät.

Et se olekaan sinä
vaan minun omin sisin
joka repii minua.
Minun omat kohtaamattomat pelkoni,
jotka minun täytyi kohdata.
Välillä se pelottaa,
mutta miten kiitollinen olotila
kun kohdannut omat
syvimmät pelkonsa,
tiedostanut ne ja päästänyt irti.

Nyt voin rakastaa ehdoitta,
täydestä sydämestä.

Kiitos, että olet.
Kiitos, että eheytit minut.

Nyt olen sinun
kokonaan
koko sydämestäni rakkaani!

Pelot

Yksinjäämisen pelko
jätetyksi tulemisen pelko
niin suuri voima kuin rakkaus.
Antautua sille,
samalla ollen rajujen pelkojen aallokossa
vuoristoradassa.
Yrittää uskaltaa rakastaa
Luottaa
Täysin.
Pelottaa vieläkin.
Epävarmuus.
Mitä voin tehdä?

Puhua
puhua toiselle
kaikesta
tunteista, olotilasta, peloista, rakkaudesta.

Yht'äkkiä huomaakin olevan siltikin tyhjiössä,
tyhjiössä jonka odottaa toisen täyttävän.

Kukaan toinen ei voi täyttää toisen tyhjiötä
sen on jokaisen täytettävä itse.
Rakastamalla itseään!
Vasta sitten voi kokea rakkauden toiseen joka
solulla
koko sydämestään.

Sydän meinaa pakahtua
niin ihana tunne se on.
Pelot on käsitelty, ne ovat poissa.
On vain rakkauden olotila,
maailman ihanin tunne.

Rakkaus, tunne jota pelätään eniten,
koska sen syvimpään olemukseen sisältyy
vahvoja pelkoja.
Tiedostaa, antaa pelon tunteen olla,
päästää irti pelosta.
Olla kiitollinen.
Rakastaa
täydesti!
Sydän tuntee pelkkää luottamusta
valloittavaa rakkautta
joka saa koko kehon ennennäkemättömälle
taajuudelle!
Rakkauden hyvässä olotilassa!

Luulin etten pysty elämään ilman sinua
Olin väärässä.
Kaikki mitä tarvitsen löytyy oman sydämen
rakkaudesta.
Rakastan itseäni, minua.
Kaikki muu on lisää hyvinvointia ja
lisää rakkautta elämääni.
Silloin elämästä tulee eheää!

Sielujen sympatia.
Eleiden lukeminen.
Katseiden kohtaaminen.
Vilpitön rakkaus, pyyteetön läsnäolo.
Toisesta välittäminen, huolehtiminen,
olemalla aidosti läsnä.
Kaikki yhdessä ja erikseen.

Se on syvästi elämää uudistava voima
sitä ei voi ennakoida
se on täysin odottamatonta
se virtaa joka soluun
sen tuntee koko olemuksellaan
se on rakkaus!

Rakkauden ydin olemus on löytää itsensä,
kun on löytänyt itsensä, tietää rakkauden
hengen,
oman sydämen rakkauden.
Voi puhtaalla sydämellä rakastaa myös toista.

Täyttymys
Elämällä itselleen
hetkessä
löytäen elämän kultaisen langan
sen kultaisen keskitien
jota pitkin on hyvä kävellä.
Elää itselleen
rakastaa
nauttia, tehdä odottamatonta
unelmista totta!

Täyttymys - elämällä.
Kohdaten toisen
hänenkin eläessä itselleen.
On helppo olla,
aina oikeassa paikkaa oikeaan aikaan.
Ajan katoaminen,
hetket ikimuistoiset
aina erilailla, silti täydellisesti kokemalla
elämyksiä.
Yhdessä kaikki,
kaikki yhdessä.

Voi vaan olla onnellinen
jokaisesta asiasta
jokaisesta hetkestä
kiitollinen itselleen
kiitollinen toiselle
kiitollinen kaikelle.

Sen huomaa
sen näkee
elämänvoiman
joka kumpuaa sisältä
syvältä sydämestä.
Rakkautena.
Itseä kohtaan.

Valtava voima
rakkauden voima
kahden ihmisen välillä
löytäneet toisensa
oppineet elämään itselleen
Voivat vaan rakastaa
toisiaan ja elämää!

Se kaikki on täyttymys!
Jokaisella solulla kokea elämää
puhtaassa rakkauden tilassa!
Toisen täydentäen elämä!

Minä
Elämäni
Tarkoitus
Teen parhaani
Kiitos mahdollisuudesta!
Kiitos kun kuuntelen itseäni!
Minä, muistan, teen kaikkeni
- sydämellä.

Nyt ja aina
Tämä hetki
Minun kasvu ja kehitys
Olen valmis!

Rakastamaan elämää joka hetki!

Rakkauden Ihmemaa

Rakkaus ei ole vain
sanoja ja tekoja
vaan
valtava rakkauden
valtameri
josta löytyy kaikki.

Itse oleminen
Ilo
Eläminen
Anteeksi antaminen
Kunnioitus
Arvostus
Luottamus
Rakkaus oman sydämen
Liittoutuminen
itseen
toiseen
Läsnäolo
Vaikeneminen oikeaan hetkeen
kuuntelu
Oikeaan aikaan oikeassa paikassa.

Rakkauden Ihmemaassa
missä kaikki on täydellisen
ikimuistoista
ainutlaatuisen uskomatonta
olla läsnä toiselle!

Rakastaa täydestä sydämestä toistaan!

Kustantaja: BoD – Books on Demand, Helsinki, Suomi
Valmistaja: BoD – Books on Demand, Norderstedt, Saksa
ISBN: 978-952-286-811-4